Made in the USA
Coppell, TX
13 April 2021

53714998R00125